Roxanne Narz

GESCHICHTE AM WASSER

Rund um den Wöhrder See

Historische Spaziergänge 20

Herausgegeben von
Geschichte Für Alle e.V. – Institut für Regionalgeschichte

INHALT

Die Stationen
dieses Rundgangs:

BILDNACHWEIS

Andrew Phelps: S. 37.
Arbeiterwohlfahrt Nürnberg: S. 27.
Bildarchiv N-ERGIE: S. 66.
David Rumsey Historical Map Collection: S. 9.
Foto Bischof & Broel: S. 47 o.
Friedl Ulrich / Verlag Nürnberger Presse: S. 10 o.
Geschichte Für Alle e.V.: S. 4-5, 7, 24, 31, 33 u., 36, 39 u., 45, 48 o., 51, 58, 62, 63, 69 u.
gmp-Architekten: S. 43.
Kunstsammlungen der Stadt Nürnberg: S. 69 o.
Kurt Grimm / Bayerische Milchversorgung GmbH: S. 59, 60.
Loni-Übler-Haus: S. 29.
Privatarchiv Berthold Zeltner: S. 17.
Ralph Purrucker: S. 18.
Sammlung Sebastian Gulden: S. 30.
Stadtarchiv Nürnberg: Titelbild (A 74/II Nr. 114), 6 o. (A 4/X 116), 6 u. (A 39/III FiVER-R-424), 8 (A 97 Nr. 307), 10 u. (A 55 Nr. IV-28-12-3), 11 (A 74/II Nr. 114), 12 o. (A 55 Nr. IV-29-3-4), 12 u. (A 55 Nr. IV-40-12-6), 13 (A 55 Nr. IV-29-4-7), 14 o. (A 55 Nr. IV-28-20-4), 16 (E 10/187 Nr. 282/43), 19 (A 55 Nr. VI-42-9-5), 20 (A 55 Nr. I-37-2-2), 22 (A 108 Nr. 305-23v), 23 (A 108 Nr. 305-21v), 25 (A 55 Nr. IV-5-1-1), 26 (A 46 Nr. 935), 28 (A 28 Nr. 1991/60), 32 (A 7/II Nr. 1119), 33 o. (A 38 Nr. E-26-10), 34 o. (A 38 Nr. C-115-3), 34 u. (A 55 Nr. III-35-2-8), 35 (A 38 Nr. F 34-7), 38 (A 38 Nr. E-73-1), 39 o. (A 38 Nr. C 123-14), 40 (A 34 Nr. 1535), 41 (A 97 Nr. 311), 42 (A 55 Nr. III-35-20-1), 44 (E 9/26 Nr. 37), 52 (A 47 Nr. KS-55-5), 53 (A 4/VI Nr. 2555/1), 54 (A 55 Nr. III-42-2-7), 55 (A 55 Nr. III-42-4-4), 56 (A 55 Nr. III-41-4-10), 57 o. (E 6/351 Nr. 16/2), 57 u. (E 6/351 Nr. 16/4), 61 o. (A 74/II Nr. 45), 61 u. (A 104 Nr. 43), 64 (A 40 Nr. L-1141-Q4), 65 (A 55 Nr. IV-28-15-3), 67 (Das städtische Elektrizitätswerk, Av 6123.4a), 68 (A 38 Nr. D-144-15), 70 (A 34 Nr. 2154), 71, 72.
Wasserwirtschaftsamt Nürnberg: S. 3, 14 u., 15, 21, 46, 47 u., 48 u., 49, 50 o., 50 u.

Titelbild: Zwischen dem Wöhrder Talübergang im Westen und dem Stadtteil Mögeldorf im Osten liegt seit einem halben Jahrhundert der Wöhrder See. Fotografie 2009.

Abbildung rechts: Rund um den Wöhrder See lassen sich umwelt-, architektur-, sozial-, kultur- und alltagshistorische Aspekte der Nürnberger Stadtgeschichte beleuchten. Fotografie 2023.

© Sandberg Verlag
Wiesentalstraße 32
90419 Nürnberg

www.geschichte-fuer-alle.de
www.sandberg-verlag.de

Gestaltung: Norbert Kühlthau, Nürnberg
Druck: Frischmann Druck & Medien, Amberg

Nürnberg 2023

ISBN 978-3-96486-017-0

Rund um den Wöhrder See

Geschichte am Wasser

oben: Bereits in den 1930er Jahren gab es – nie realisierte – Pläne für einen Sportsee als Austragungsort der NS-Kampfspiele im Rahmen der Reichsparteitage. Skizze 1939.

Der vorliegende 20. Band unserer Reihe »Historische Spaziergänge« lädt zu einer spannenden Entdeckungsreise rund um den Wöhrder See ein. Nürnbergs größtes Gewässer entstand seit den späten 1960er Jahren durch die Aufstauung der Pegnitz und verband Hochwasserschutz und Naherholung. 1981 war das Projekt abgeschlossen und ein 52 Hektar großer See entstanden, der von Grünanlagen gesäumt wird. In Ufernähe errichtete man mit dem Norikus Bayerns größte Wohnanlage für etwa 2.000 Bewohnerinnen und Bewohner.

Ein Wahlplakat aus den 1960er Jahren versprach der Nürnberger Bevölkerung »moderne Erholungsgebiete« rund um die zum Wöhrder See aufgestaute Pegnitz.

Blick vom Wöhrder Talübergang über den Wöhrder See Richtung Osten mit Sandstrand (links), Fontäne und dem Wohnhochhaus Norikus (vorne rechts). Fotografie 2023.

Die Tour rund um den Unteren Wöhrder See lässt Vergangenheit und Gegenwart lebendig werden. Sie führt in den versteckt gelegenen Tullnau-Park mit seiner historischen Terrassenanlage, erzählt am Pulversee deutsche Wassersportgeschichte und stellt einen Architekturklassiker der Weimarer Moderne und die Kunstwerke rund um den See vor. Sie zeichnet die Metamorphosen des Sebastianspitals zur Musikhochschule, der »Erziehungsanstalt Veilhof« zum Predigerseminar und eines Pulvermagazins zum Kulturladen nach und berichtet über das einst »weltgrößte« Photohaus.

Im Mittelpunkt aber steht der See, dessen fragiles Ökosystem in den letzten Jahren im Rahmen des Projekts »Wasserwelt Wöhrder See« grundlegend saniert wurde.

Nürnberg, im Oktober 2023
Bernd Windsheimer,
Daniel Gürtler und Magdalena Prechsl
Geschichte Für Alle e.V. –
Institut für Regionalgeschichte

①

Einführung

Vom Pegnitztal zum Wöhrder See

Wie die Wöhrder Wiese in der linken Bildhälfte wurde auch die grüne Auenlandschaft östlich des Wöhrder Talübergangs ursprünglich von den beiden Flussarmen im Norden und im Süden begrenzt. Fotografie 1927.

■ Wo einst die beiden Pegnitzarme durch weiten Wiesengrund mäanderten und in zahlreichen Windungen kleinere Weiher und Tümpel, Baumgruppen und Feuchtwiesen passierten, erstreckt sich heute der Wöhrder See. Das zwischen dem Wöhrder Talübergang und dem Stadtteil Mögeldorf liegende künstliche Gewässer hat sich seit dem letzten Drittel des 20. Jahrhunderts zu einem weitläufigen städtischen Naherholungsgebiet entwickelt, das Menschen und Tiere gleicher-

Der Kartenausschnitt aus dem frühen 18. Jahrhundert zeigt den Verlauf der von Osten kommenden Pegnitz, die sich mehrfach teilt, bevor sie die Altstadt erreicht. Das Gebiet vor den Toren der Reichsstadt war damals noch weitgehend unbebaut. Karte 1719.

maßen anzieht. Vor allem im Sommer bietet der See eine dichte Freizeitinfrastruktur: Ein langer Promenadenweg erschließt seine einzelnen Abschnitte für Fußgänger und Radfahrerinnen, Wiesen, Bänke und Uferzonen laden zum Verweilen ein und in der »Norikusbucht« kann gebadet werden. In Zeiten des Klimawandels und Artensterbens erfüllt der See im Osten von Nürnberg außerdem wichtige ökologische Funktionen für die gesamte Stadt. Er sorgt für frische Luft und trägt zur Abkühlung des Stadtklimas bei.

Der Historische Spaziergang rund um den (Unteren) Wöhrder See erweitert die aktuellen Perspektiven auf das Thema Wasser um eine historische. Er führt an 16 Orte am See mit Geschichte, die die Genese des östlichen Pegnitztals seit dem späten Mittelalter beleuchten. Diese Orte, manche bis heute sichtbar und zugänglich, andere verborgen und vergessen, erzählen von Städtebau und Handwerk, Wohnen und Wassersport, Mobilität und Industrie, Architektur und Kunst, Fotografie und Bildung, Brandschutz und Gesundheit, Freizeit und Umwelt, kurz: Sie machen Stadtgeschichte lebendig.

Nachdem die Nürnberger Altstadt mehrfach von schweren Hochwasserkatastrophen betroffen gewesen war, wurden nach dem Ende des Zweiten Weltkriegs Überlegungen zum Hochwasserschutz angestellt. Ein Jahrhunderthochwasser wie das von 1909, als die Pegnitz Teile der Altstadt meterhoch überflutete, sollte sich nicht wiederholen. Der Wiederaufbau der großflächig zerstörten Stadt sah daher auch Maßnahmen zum Hochwasserschutz vor. Neben einem unterirdischen Wasserstollen, der die Engstelle des Flusses zwischen Museums- und Fleischbrücke entlastet, sollte ein Rückhaltebecken außerhalb der Stadtmauern entstehen: ein See im Wöhrder Tal. Die Idee war ebenso wenig neu wie die Beset-

Die Konrad-Adenauer-Brücke bot Neugierigen eine gute Aussicht auf die Baustelle. 1969 wurde unter der Brücke eine bewegliche Wehrkonstruktion eingesetzt, die den Wasserstand automatisch regelt. Fotografien 1969.

Die Gesamtfläche des Sees, der sich in drei Abschnitte gliedert (Unterer Wöhrder See, Oberer Wöhrder See, Sandfang), bemisst 517.000 Quadratmeter. Damit gehört er zu den größeren innerstädtischen Gewässern in Deutschland. Fotografie 2009.

zung des Baureferates nach 1945. Schon im »Dritten Reich« waren im Hochbauamt Skizzen und Modelle eines »Sportsees« auf diesem Areal entstanden. Dieser See sollte nicht nur das Hochwasser regulieren, sondern auch als Austragungsstätte für die nationalsozialistischen »Kampfspiele« dienen, die 1937 und 1938 im Rahmen der Reichsparteitage veranstaltet wurden. Das östliche Pegnitztal sollte zu diesem Zweck stärker für den Verkehr in Richtung Reichsparteitagsgelände erschlossen und die angrenzenden Stadtviertel Marienvorstadt, St. Peter und Gleißhammer nach den Vorstellungen der NS-Architektur umgestaltet werden.

In der Ära des deutschen »Wirtschaftswunders« wurden diese Pläne aus den 1930er Jahren aufgegriffen und modifiziert. Nach einer vierjährigen Vorbereitungszeit entschied der Stadtrat am 28. Oktober 1959, die Idee zu realisieren. Der

Weil der See von der Pegnitz gespeist wird, sind in seinem Wasser viele heimische Fischarten zu Hause, vor allem Hechte, Barsche und Forellen. Fotografie o.D.

geplante See sollte zwei Funktionen erfüllen: Erstens sollte er die Hochwassergefahr eindämmen und zweitens eine Möglichkeit der Naherholung bieten. Nachdem die Stadt die erforderlichen Grundstücke aus Privatbesitz und von der Bundesbahn erworben hatte, wurden 1968 die beiden Flussarme aufgestaut. Das Tal, das wegen der Überschwemmungsgefahr immer noch unbebaut war, wurde gerodet und zwei bis drei Meter tief ausgebaggert. Im Oktober des Folgejahres konnte der erste Teil des Baugrunds geflutet werden. Zwischen dem Wöhrder Talübergang

Am Südufer entstand bis 1972 ein Wasserspielplatz. Zwischen 2015 und 2018 wurde er im Rahmen des Projektes »Wasserwelt Wöhrder See« saniert und umgebaut. Fotografie 1974.

In den 1970er und 1980er Jahren boten mobile Surfschulen aus Nürnberg, Lauf und Erlangen im Sommer Windsurfkurse an, die mit dem Grundschein abgeschlossen werden konnten. Auch der »Schwimmerbund Bayern 07« hatte für kurze Zeit eine Surfabteilung. Fotografie 1983.

und der Eisenbahnbrücke entstand der Untere Wöhrder See.

Ab 1972 folgte der Ausbau des Oberen Wöhrder Sees zwischen der Eisenbahnbrücke und der mit einem festen Wehr versehenen Ludwig-Erhard-Brücke. Drei Jahre später wurde der zweite Seeabschnitt geflutet. Während der Untere Wöhrder See in erster Linie als Freizeitareal konzipiert worden war, wurden im oberen Bereich – in der sogenannten »Ökozone« – Inseln und Buchten angelegt, um in Stadtnähe einen naturnahen Lebensraum für bedrohte Tiere und Pflanzen zu schaffen. Die Vereinbarkeit von Stadtplanung und Ökologie besaß in den 1970er Jahren hohe gesellschaftspolitische Relevanz. Das Gesamtprojekt setzte darüber hinaus auch einen neuen städtebaulichen Akzent: Nürnberg, das im Vergleich zu anderen Großstädten wenige Grün- und Wasserflächen aufzuweisen hatte, orientierte sich mit diesem Schritt am zeitgenössischen Leitbild einer modernen Stadt.

Der dritte und letzte Bauabschnitt betraf den Sandfang östlich der Ludwig-Erhard-Brücke. Dort, wo sich der Fluss ursprünglich in einen Süd- und einen Nordarm geteilt hatte, entstand ein großes

Bevor in den 2010er Jahren große Mengen Sand aufgeschüttet wurden, war das Nordufer von Wiesen und kleinen Betonelementen durchzogen. Holzstege reichten in den See und gaben den Blick auf die am häufigsten betriebene Sportart frei: Windsurfen. Fotografie 1977.

Becken für die von der Pegnitz mitgeführten Feststoffe, die vor allem bei Hochwasser in großen Mengen eingespült werden. Etwa alle fünf Jahre wird der Sandfang seither mit großem Gerät von circa 30.000 Kubikmetern Sand und Schlamm befreit.

Rund dreizehn Jahre nach dem Baubeginn konnte das Projekt 1981 abgeschlossen werden. Ein 52 Hektar großer, etwa drei Kilometer langer Stausee war entstanden, der an manchen Stellen bis zu 400 Meter breit ist. Seine Grundlage ist die Pegnitz, die nach dem Wöhrder Talübergang als Fluss in Richtung Altstadt fließt. Die Kosten der wasserwirtschaftlichen Maßnahmen in Höhe von zwölf Millionen Deutsche Mark trugen die Stadt Nürnberg (42,5 Prozent), der Bezirk Mittelfranken

Der Bootsverkehr auf dem Wöhrder See beschränkt sich heute auf Tret- und Ruderboote, die stundenweise vermietet werden. Motorboote sind nicht zugelassen, da sie nach dem Bayerischen Wassergesetz einer besonderen Genehmigung bedürfen. Fotografie 2023.

links: Der Strandabschnitt am Nordufer besteht aus 930 Tonnen Sand. Das entspricht in etwa der Menge, die 50 LKWs transportieren können. Fotografie 2023.

(32,5 Prozent) und der Freistaat Bayern (25 Prozent). Das Wasserwirtschaftsamt Nürnberg hatte als ausführende Kraft die Planung und bauliche Umsetzung übernommen.

Seitdem der erste Abschnitt des Wöhrder Sees Anfang der 1970er Jahre fertiggestellt wurde, findet im und am Wasser reges Leben statt. In den Anfangsjahren wurde jährlich ein Seefest veranstaltet, das der Nürnberger Surf-Sport-Gemeinschaft als Anlass diente, die Stadtmeisterschaften im Windsurfen auszutragen. Die starke Algenbildung und die sinkende Wassertiefe machten diese Nutzung seit den 1990er Jahren jedoch unmöglich. Erst mit Beginn des Projektes »Wasserwelt Wöhrder See« im Jahr 2011 wurde zur Wiederherstellung des ökologischen Gleichgewichts eine Reihe von wasserbaulichen Maßnahmen ergriffen, die den See auch wieder gesellschaftlich nutzbar machten. Heute finden neben der Wöhrder Kirchweih das »Bonsai Festival« und das Familienfest »Sommernachtstraum« am Wasser statt. Das Konzept Wöhrder See funktioniert, wenngleich Gänse, Lärm, Müllberge und Menschenmassen Stadt und Anwohner vor neue Herausforderungen stellen.

②

Die Zeltner Brauerei

Brauhandwerk in der Tullnau

Nach den Luftangriffen 1943 und 1945 war das Gelände weitgehend zerstört, nur die Keller noch intakt. Die sichtbaren Überreste wurden bis 1969 abgetragen, die Keller umgenutzt: Hier entstanden Tiefgaragen für die ersten Hochhäuser des Norikus. Fotografie 1927.

■ Am Südufer des Wöhrder Sees, wo heute über 2.000 Menschen zum Teil in luftiger Höhe leben, wurde in der Vergangenheit Bier gebraut. Auf dem Gelände der Wohnanlage Norikus befand sich die Brauerei der Hopfenhändlerfamilie Zeltner. Wie andere Brauer verlegte auch der Gründer Johann Georg (1807–1886) seinen Betrieb sukzessive von der dicht bebauten Altstadt in die Außenbezirke.

In den 1870er Jahren erwarb Zeltner mehrere Grundstücke an der Ostendstraße und begann

Briefköpfe und Plakate warben mit dem Wachstum der Brauerei. Die fünf Vignetten bilden jeweils einen Teil des Familienunternehmens ab: die alte Brauerei in der Schlotfegergasse, das Maschinenhaus mit Schornstein in der Tullnau, die Villa von Heinrich Zeltner in der Ostendstraße, die Gaststätte am Tullnauweiher und die Mälzerei. Werbeplakat frühes 20. Jahrhundert.

mit dem Bau einer großen Brauerei. Neben unterirdischen Gär- und Eiskellern, einem Fasslager, einer Eismaschinenhalle und einer Picherei entstand ein modernes Sudhaus zur Herstellung der Würze. In unmittelbarer Nähe ließ die Familie eine repräsentative Villa errichten, die vom wirtschaftlichen Erfolg des Unternehmens zeugte: Als eine der größten Privatbrauereien Nürnbergs und letzte in Familienbesitz unterhielt die Zeltner Brauerei Anfang des 20. Jahrhunderts nicht nur zahlreiche eigene Gaststätten, sondern auch die kulinarische Infrastruktur im Tullnaupark, wo neben einer Gartenwirtschaft eine große Terrassenanlage im Stil der Renaissance entstand.

Nachdem das Gelände im Zweiten Weltkrieg beschädigt und der Betrieb eingestellt worden war, ging es 1953 in den Besitz der Stadt Nürnberg über. Der Wiederaufbau war an den Plänen zur Wohnbebauung und am frühen Tod des Besitzers gescheitert, das Zeltner Bier hingegen wird bis heute bei Tucher gebraut.

③

Die Wohnanlage »Norikus«

Leben am Ufer des Wöhrder Sees

Der französische Begriff »béton brut« bezeichnet eine Strömung der modernen Gegenwartsarchitektur, die sich klaren Linien, einfachen Materialien und urbaner Präsenz verschrieb. Fotografie 2017.

Nachdem die Stadt Nürnberg die letzten baulichen Überreste der Zeltner Brauerei beseitigt hatte, begannen Ende der 1960er Jahre die Bauarbeiten für eines der größten und prestigeträchtigsten Wohnprojekte der Nachkriegszeit. In der Norikerstraße, unmittelbar am Ufer des zur gleichen Zeit angelegten Wöhrder Sees, entstand die damals größte Wohnanlage Bayerns. Die Pläne für den Bau stammten von Harald Loebermann (1923–1996), dem Gewinner des im Vorfeld ausgeschriebenen Architekturwettbewerbs. Der Nürnberger Architekt und Kunstsammler war von einflussreichen Vertretern des modernen Bauens wie dem schweizerisch-französischen Architekten Le Corbusier geprägt und hatte einige Jahre zuvor bereits die Pläne für die Meistersingerhalle am Luitpoldhain entworfen. Die Bauträgerschaft übernahm der junge Konzern DEBA mit Sitz in München.

Der 1972 fertiggestellte Norikusbau besteht aus sieben zusammenhängenden Blöcken, die jeweils fünf bis 21 Stockwerke um-

Bevor der Wöhrder See stark veralgte, war er ein Anziehungspunkt für Windsurferinnen und Windsurfer. Im Zuge der Planungen zur Umgestaltung des Sees wurde die Forderung nach einer Wiederbelebung dieser Tradition in Form einer »Wöhrder Welle« laut. Umgesetzt wurde die stehende Flusswelle 2022 allerdings am »Fuchsloch«. Fotografie 1985.

fassen. Der höchste Turm auf dem sogenannten »Zeltnerhügel« misst knapp 80 Meter. Damit ist er nach dem Business Tower in der Ostendstraße und der Bundesagentur für Arbeit in der Regensburger Straße das höchste Hochhaus in Nürnberg. Die einige Jahre zuvor kursierende Idee, auf dem ehemaligen Brauereigelände das höchste Wohnhaus Europas – einen Wolkenkratzer mit 42 Stockwerken – zu errichten, war nach einem kritischen Baugutachten Mitte der 1960er Jahre wieder verworfen worden.

Der Wohnkomplex umfasst etwa 850 Appartements, die Wohnraum für mehr als 2.000 Menschen bieten. Diese Zahlen spielten vor allem in der Frühgeschichte des Norikus eine entscheidende Rolle, denn trotz der Bemühungen im städtischen Wiederaufbau und des wirtschaftlichen Aufschwungs war Wohnraum im schwer zerstörten Nürnberg bis in die 1960er Jahre eine knappe Ressource. Hochhäuser boten eine pragmatische und relativ kostengünstige Lösung, um dem herrschenden Wohnungsmangel entgegenzuwirken. Als Tragwerk dient ein Stahlbetonskelett, das

Architektonisch ist Nürnberg spätestens seit dem Wiederaufbau eine Stadt der Kontraste: Während die Kirche St. Egidien und der Laufer Schlagturm im Vordergrund das historische Altstadtbild repräsentieren, ist die Norikusanlage ein Sinnbild des modernen Bauens. Fotografie 1977.

anschließend mit weiß gestrichenen Betonplatten verkleidet wurde. So nahm die Fertigstellung eines Stockwerkes durchschnittlich nur 14 Tage in Anspruch.

Verdichtetes Wohnen in Fluss- und Naturnähe, eingebettet in eine eigene innerstädtische Infrastruktur: Dieses Konzept bildete in den 1970er Jahren nicht nur in Nürnberg, sondern auch in anderen Städten die ideelle Basis für den Bau von Wohnanlagen im Stil des Norikus. Um das Wohnerlebnis aufzuwerten, wurden im Hauptgebäude in der Norikerstraße 19 Gewerbeflächen ausgeschrieben. Für den Friseurbesuch und den Gang ins Fitnessstudio mussten die Bewohnerinnen und Bewohner ihre Anlage nicht verlassen. Eine Ladenzeile im Erdgeschoss, die heute unter anderem von einem Café bespielt wird, und eine mehrstöckige Tiefgarage in den ehemaligen Kellern der Zeltner Brauerei mit mehr als 600 Stellplätzen sollten die wichtigsten Bedürfnisse abdecken. Mehrere Gemeinschaftsräume und ein Hallenbad, das mithilfe eines eigenen Blockheizkraftwerks beheizt wurde, dienten der Nachbarschaftspflege. Die Klientel war folglich eine wohlsituierte: Kaufkräftige Bürgerinnen und Bürger sollten sich am Ufer des Wöhrder Sees ihren Traum vom Eigentum erfüllen. Heute werden viele Wohnungen vermietet.

Visuell hebt sich »der Norikus« deutlich von der historischen Silhouette der Nürnberger Alt-

Wie der 400 Meter lange »Norikusdamm« wurde auch die 2016 angelegte »Norikusbucht« nach der raumprägenden Wohnanlage am See benannt. In den Sommermonaten suchen viele Nürnbergerinnen und Nürnberger in der Badebucht nach Abkühlung. Fotografie 2019.

stadt ab. Schon von weitem ist die Blockstreifenoptik des markanten Ensembles zu erkennen, das architekturhistorisch weitgehend dem Baustil des Brutalismus zugeordnet werden kann. Im Nürnberg der 1970er Jahre entstanden gleich mehrere Bauten, die diesen Zeitgeist atmen, darunter der Einsteinring in Reichelsdorf, die Norishalle und das Gewerkschaftshaus der IG-Metall. Die Vielgestaltigkeit des »béton brut« liegt oft im Detail: Die Fassade der Norikusanlage etwa wird durch Vorsprünge aufgelockert, verglaste Stege verbinden die Gebäudeeinheiten.

Als baulicher Zeuge des Städtebaus seiner Zeit erfüllt der Norikus bis heute die Wohnbedürfnisse vieler Menschen: Die von 2002 bis 2006 renovierte Anlage liegt zentral, ist an den Nahverkehr angebunden und hat einen direkten Zugang zum grünen Pegnitztal. Balkone und Loggias, die zur Grundausstattung der Appartements gehören, garantieren einen einmaligen Blick über den See in Richtung Altstadt.

④

Am Pulversee

Deutsche Wassersportgeschichte im Seebad

Der Schwimmerbund deckte in den 1920er Jahren eine große Palette an sportlichen Aktivitäten ab: Das Kunst- und Turmspringen ergänzte die Disziplinen Schwimmen, Leichtathletik, Tennis, Faust- und Wasserball sowie Skispringen auf einer selbst erbauten Schanze. Fotografie 1920.

Schon viele Jahrzehnte vor der Anlage des Wöhrder Sees bot das östliche Pegnitztal Raum für Wassersport: Im Pulversee, der seinen Namen vermutlich einer unweit entfernt gelegenen Lagerungsstätte für Munition verdankte, zogen die ersten professionellen Schwimmerinnen und Schwimmer ihre Bahnen. Der bis zu acht Meter tiefe See war um 1810 aus einem Altarm der Pegnitz hervorgegangen und mit einer Größe von 0,7 Hektar etwa so groß wie ein Fußballfeld. Das Gelände befand sich seit der Mitte des 19. Jahrhunderts im Besitz der Königlich Bayerischen

Schwimmerbund Bayern Nürnberg E.V.
Sportplatz Pulverseë

Schon bevor in den 1920er Jahren eine professionelle Sportanlage errichtet wurde, war das besondere Gelände ein beliebtes Postkartenmotiv. Im Winter trainierten die Schwimmerinnen und Schwimmer seit 1914 im Volksbad. Postkarte 1907.

Staatseisenbahnen, die im Pegnitztal mehrere Eisenbahnbrücken errichten ließ.

Mit der Herausbildung der ersten lokalen Schwimmvereine wurde aus dem Pulversee ein Seebad. Der 1910 gegründete »Schwimmerbund Bayern« pachtete und erweiterte den See noch im selben Jahr, um eine Trainings- und Wettkampfstätte für den schnell wachsenden Verein zu etablieren. Zuvor hatte der Dutzendteich als Bade- und Schwimmstätte gedient. Nach dem Ende des Ersten Weltkriegs schloss sich der Schwimmerbund mit dem drei Jahre älteren »1. Nürnberger Schwimmverein 1907« zusammen. Im neu entstandenen Vereinsnamen sollten sich beide Vereine wiederfinden: Der »Schwimmerbund Bayern 07 e.V.« war geboren.

Die seit der Jahrhundertwende wachsende Popularität des Schwimmsports schlug sich bald in den Mitgliederzahlen nieder, die in den 1920er Jahren auf 4.000 Männer und Frauen anstiegen. Vereine waren seit dem 19. Jahrhundert die soziale Organisationsform schlechthin und bildeten den äußeren Rahmen für eine Vielzahl von Interessengemeinschaften. Mit der Einführung des

Am Pulversee fanden mehrfach regionale und nationale Schwimmerfeste statt. Anders als heute herrschte auch bei diesen Veranstaltungen ein strenger Sittenkodex: Sonntags mussten die Sportler Trikot und Vereinsbadehose tragen und hatten die Damenplätze ausdrücklich zu meiden. Die Schwimmerinnen waren mit Hauben und knielangen Badeanzügen ausgestattet. Kolorierte Fotografie 1913.

Achtstundentags entwickelten sie sich in der Weimarer Republik zu Massenbewegungen. Das Vereinsbad Pulversee, das bis dahin nur über eine Bretterhütte verfügte, drohte aus allen Nähten zu platzen. Daher entstand ab 1920 in Eigenregie eine professionelle Infrastruktur, zu der neben einem Clubheim, Umkleideräumen, Liegeterrassen und Zuschauertribünen auch ein Zehn-Meter-Sprungturm gehörte. Seefeste, Tanzabende, Theater und Konzerte brachten die Mitglieder auch außerhalb des Beckens zusammen.

Im »Schwimmerbund Bayern 07« wurde nicht nur geschwommen. Nationale und internationale Erfolge feierten in den 1930er Jahren etwa die in gesonderten Damenabteilungen organisierten Kunstspringerinnen, darunter die Olympionikinnen Olga Jensch-Jordan und Gerda Daumerlang. Die Wasserballspieler gewannen mehrfach die süddeutsche Meisterschaft. Der in Wöhrd praktizierende Arzt Gustav Schürger schaffte es sogar in die deutsche Nationalmannschaft. Auch nach 1945 erreichte der Verein in einigen Disziplinen überregionale Bekanntheit: Mitte der 1960er Jahre gewannen etwa die Faustballer den Europacup. Die Biografien der Sportlerinnen und Sportler sind eng mit dem Pulversee verknüpft.

Als die Planungen für den Bau des Wöhrder Sees voranschritten, wurde der Pulversee 1967 trockengelegt und zugeschüttet. Er hatte ohnehin wiederholt Probleme bereitet, weil er bei Hochwasser oft überflutet worden war. In unmittelbarer Nachbarschaft entstand an seiner Stelle das heutige Sportzentrum, zu dem auch zwei beheizbare 50-Meter-Becken gehören, die wettkampftauglich sind und die Badesaison deutlich verlängern. Im Sommer 1968, kurz nach Beginn der Bauarbeiten am Wöhrder See, wurde der »Neue Pulversee« eingeweiht. Bis in die Gegenwart gehört das Freibad zu den größten vereinseigenen Schwimmanlagen in der Bundesrepublik.

Bis in die 1990er Jahre gehörte fast ein Drittel des neuen Sportareals am Wöhrder See der Deutschen Bundesbahn. Spenden, Zuschüsse der Stadt und des Landessportverbandes ermöglichten der Vereinsleitung schließlich den Kauf. Fotografie 1971.

⑤

Das Loni-Übler-Haus

Vom Pulvermagazin zum Kulturladen

Nach der Unterquerung der historischen Eisenbahnbrücke, die das Süd- mit dem Nordufer des Wöhrder Sees verbindet, liegt auf einer Anhöhe im benachbarten Stadtteil Mögeldorf der Kulturladen Loni-Übler-Haus. Die bewegte Geschichte des Hauses reicht bis in das frühe 19. Jahrhundert zurück und ist eng mit der Nürnberger Militärgeschichte verbunden.

Nachdem der Fränkische Reichskreis mit der Auflösung des Heiligen Römischen Reiches Deutscher Nation 1806 in das Königreich Bayern integriert worden war, wurde Nürnberg wegen seiner strategischen Lage zur Garnisonsstadt erklärt. Die ehemalige Reichsstadt bildete fortan einen wichtigen Standort der Bayerischen Armee. Um die dauerhafte Gefechtsbereitschaft der Soldaten sicherzustellen und zugleich die Gefahren im Explosionsfall zu minimieren, ließ das Kriegsministerium 1827 eine Lagerstätte für Munition und Schießpulver in der Marthastraße errichten, ein »Friedenspulvermagazin«, wie es in den Quellen heißt. Das Gebiet war damals noch unbewohnt.

Das von Mauern umschlossene, eingeschossige Magazingebäude war ein massiver Quaderbau aus dem charakteristischen Burgsandstein. Bis Anfang der 1870er Jahre gehörte zum Pulvermagazin außerdem ein Wachhaus, das in angemessener Entfernung in der heutigen Ostendstraße stand. Fotografie 1912.

Zu den Initiatoren des neu eröffneten Heims gehörten neben der AWO auch die örtlichen Gewerkschaften. Fotografie 1951.

Bis in die frühen 1970er Jahre lebten bis zu 80 junge Männer im Loni-Übler-Heim. Fotografie o. D.

Zuvor waren die städtischen und gewerblichen Pulvervorräte in sechs Stadtmauertürmen gelagert worden. Ein Teil dieser Vorräte stammte ebenfalls aus dem östlichen Pegnitztal: Zwischen dem 16. und 18. Jahrhundert hatte es vor Wöhrd, in Veilhof und am Sandbühl mehrere Pulvermühlen gegeben, in denen aus Holzkohle, Schwefel und Kalisalpeter Schwarzpulver hergestellt wurde. Der Wöhrder Pulvermacher besaß zu Testzwecken zwei Schießplätze nördlich der Vorstadt.

1875 ging das königliche Pulverdepot an die Stadt Nürnberg über. Für die militärische Nutzung reichten seine Kapazitäten nicht mehr aus. Zudem hatte sich das Stadtgebiet im Zuge der Industrialisierung stark ausgedehnt, weshalb es in Wöhrd und Mögeldorf bereits Proteste gegeben hatte. In den folgenden Jahrzehnten stand das Gebäude vermutlich leer. Erst im 20. Jahrhundert scheinen größere bauliche Veränderungen vorgenommen worden zu sein: 1939 wurde das alte Pulvermagazin zu einem repräsentativen Heim der Hitlerjugend (HJ) ausgebaut, einer weltanschaulichen Erziehungs-, Spiel- und Sportstätte für die nationalsozialistische Jugend. Oberbürgermeister Willy Liebel hatte der fränkischen HJ das Gebäude zu diesem Zweck zur Verfügung gestellt.

Während der Luftangriffe im Zweiten Weltkrieg wurde das Heimgebäude so stark beschädigt, dass 1945 nur noch eine Ruine vorzufinden war. Mit Beginn des Wiederaufbaus setzten aber auch in der Marthastraße 60 mit großem Tempo Instandsetzungsarbeiten ein: Schon 1951 eröffnete der »Verein zur Schaffung und Förderung von Jugendheimen« in den neuen Mauern ein Wohnheim mit Kindergarten, das nach dem engagierten Sozialdemokraten und Vorsitzenden der Nürnberger Arbeiterwohlfahrt (AWO) Leonhard Übler (1899–1956) benannt wurde. Übler war an der Gründung maßgeblich beteiligt gewesen. Im AWO-geführten »Loni-Übler-Heim« kamen Waisen, Lehrlinge, Studenten und Geflüchtete unter. Die jungen Männer sollten in Nürnberg neben der Unterkunft, Verpflegung und Betreuung auch eine demokratische Erziehung erhalten.

Die sinkende Nachfrage und die sanitäre Rückständigkeit führten Mitte der 1970er Jahre zur Schließung des Heims. 1975 ging das Gebäude in städtischen Besitz über, was mehrere Hausbesetzungen nach sich zog. Die Forderung der jungen Er-

Stadtteilfeste gehören seit jeher zum festen Programm der über das ganze Stadtgebiet verteilten Kulturläden. Organisatorisch gehören sie zum Amt für Kultur und Freizeit. Plakat 1991.

© Carolin Wabra

Zum vielfältigen Programm, das im Loni-Übler-Haus auf die Beine gestellt wird, gehören u. a. ein Frauenkabarett, ein Schachclub, (bilinguale) Hausaufgabenbetreuung, die Talkreihe »Zu Gast bei Loni« und ein Kindertreff. Collage o. D.

wachsenen nach einem selbstverwalteten offenen Haus wurde in den nachfolgenden Planungen teilweise aufgegriffen: Das Gebäude blieb zwar in öffentlicher Hand, wurde aber zu einer Begegnungsstätte ausgebaut. 1980 eröffnete am Standort des ehemaligen Pulvermagazins der zweite städtische Kulturladen seine Tore, das »Loni-Übler-Haus«. Die in der Ära des Kulturreferenten Hermann Glaser (1964 bis 1990) entstandenen Einrichtungen basieren auf dem partizipativen Konzept der »Soziokultur«: Kultur – im weitesten Sinne – von allen für alle. Diese Leitidee schlägt sich bis heute in den breiten, niedrigschwelligen Veranstaltungsprogrammen der Kulturläden nieder. Darüber hinaus dienen sie in den fluktuierenden Stadtteilen als Foren des interkulturellen Dialogs zwischen verschiedenen Communities und als Orte, an denen maßgebliche ökologische, soziale und kulturelle Arbeit geleistet wird.

⑥

Die Eisenbahnbrücke

Über den Wöhrder See nach Veilhof

Die heutige Fußgänger-brücke wurde erst 1925 an die Eisenbahnbrücke angegliedert. Im Hinter-grund der Fotografie ist das benachbarte Sebas-tianspital zu erkennen, das im Ersten Weltkrieg als Lazarett diente. Postkarte 1914/15.

▌ Das Pegnitztal ist eine Region der Kontraste: Mehr als zwanzig historische Eisenbahnbrücken, Symbole des Industriezeitalters, überqueren das windungsreiche Tal und den gleichnamigen Fluss. Die meisten von ihnen stammen aus dem letzten Drittel des 19. Jahrhunderts, einer Zeit der neu gewonnenen, grenzüberschreitenden Mobilität. Auch die dreigleisige Eisenbahnbrücke am Wöhr-der See, die von der Tullnau in den Stadtteil Veil-hof führt, ist ein bauliches Zeugnis dieser Epoche.

Kgl. Reservelazarett Sebastianspital u. Orthopädisches Reserve-Lazarett   Nürnberg

Vor der Anlage des Wöhrder Sees führten Pfade und Gehwege durch das östliche Pegnitztal, das von weiträumigen Wiesen, dem mäandernden Fluss, Bäumen und kleinen Seen geprägt war. Einen Kontrast bildeten die hoch aufragenden Schlote des Tafelwerks in St. Jobst, die bis in die zweite Hälfte des 20. Jahrhunderts hinein sichtbar waren. Fotografie vor 1968.

Die historische Eisenbahnbrücke entstand mit dem Bau der Eisenbahnstrecke zwischen Nürnberg und Eger (seit 1945 Cheb), die bis heute zwischen Bayern und dem westlichen Tschechien bei Karlsbad verläuft. Die Linie wurde 1877 von den Königlichen Bayerischen Staatseisenbahnen als Teil der Fichtelgebirgsbahnen eröffnet und sollte nun auch das Nürnberger Umland effektiver in das Eisenbahnnetz integrieren, nachdem innerstädtisch bereits in den 1840er Jahren der erste Hauptbahnhof errichtet worden war.

Die architektonisch beeindruckende Brücke war die erste und die größte Eisenbahnbrücke im Pegnitztal. Material und Bauweise veranschaulichen eine Revolution im Brückenbau: Über den zwei Brückenpfeilern erhebt sich eine Konstruktion aus Eisenfachwerk. Mit genormten Verbindungsstücken aus Metall konnten ab der Mitte des 19. Jahrhunderts Material eingespart, Bauzeiten verkürzt und deutlich größere Spannweiten gebaut werden. Heute markiert die Brücke eine sichtbare Trennlinie zwischen dem Unteren und dem Oberen Wöhrder See und steht unter Denkmalschutz.

⑦

Das Sebastianspital

Pflegeheim und Musikhochschule

■ Die Versorgung armer, kranker und alter Menschen hat in Nürnberg eine lange Tradition. Im Mittelalter und in der Frühen Neuzeit waren es in erster Linie private Stiftungen, die sich mittellosen Handwerkern, Waisen und Pflegebedürftigen annahmen. Und so beginnt auch die Geschichte des Sebastianspitals mit einem Stifter: Im 15. Jahrhundert bestimmte Konrad Topler aus dem gleichnamigen Patriziergeschlecht, einen Teil seines Kapitals für Wohltätigkeitszwecke zu verwenden. Die Testamentsvollstrecker entschieden in seinem Sinne, ein Pestspital in St. Johan-

Das alte Sebastianspital ist heute nur noch teilweise erhalten und wurde mittlerweile zum Baudenkmal erhoben. Radierung 1702.

Den Neubau hatte der Stadtbaumeister Heinrich Wallraff entworfen, der vor allem für die sanfte Integration historischer Bauten in das Nürnberger Stadtbild bekannt war. Blick von der Veilhofstraße auf das Hauptgebäude mit dem Wandgemälde des Heiligen Sebastian. Fotografie 1920.

nis zu bauen, das 1528 fertiggestellt wurde. Als Namensgeber diente der heilige Sebastian, der Patron der Pestkranken.

Bis in das 17. Jahrhundert öffnete das Spital in der heutigen Großweidenmühlstraße nur beim Ausbruch von Seuchen. Erst nach dem Abklingen der wiederkehrenden Pestwellen wurden neben physisch und psychisch Erkrankten auch Pflegebedürftige aufgenommen. Zwischenzeitlich diente die landläufig als »Wastl« bekannte Einrichtung als Kaserne und Militärspital, bevor sich ihr Charakter im 19. Jahrhundert endgültig wandelte:

Der alte Haupteingang an der Nordseite wird seit 1914 von zwei Figuren flankiert, die das Alter verkörpern. Mit dem Umbau erhielt der Bau 100 Jahre später eine neue Ausrichtung. Fotografie 2023.

Die mobilen Bewohnerinnen und Bewohner des »Wastl« wurden am Umzugstag mit Sonderzügen der Straßenbahn nach Veilhof befördert. Fotografie 1919.

Mit der Entstehung des kommunalen Gesundheitswesens wurde aus dem Siechenspital ein städtisches »Pfründnerhaus« für hochbetagte, bemittelte Nürnbergerinnen und Nürnberger.

Da die Bevölkerung rapide gewachsen und die sanitären Verhältnisse untragbar geworden waren, begann der Stadtrat um die Jahrhundertwende mit den Planungen für einen Neubau an

Wo heute ein Kammermusiksaal zu finden ist, lag ursprünglich die Stiftskapelle. Dort fanden an Sonn- und Feiertagen Gottesdienste statt, die über Mikrofone und Lautsprecher auch in den Krankenbau übertragen wurden. Fotografie 1986.

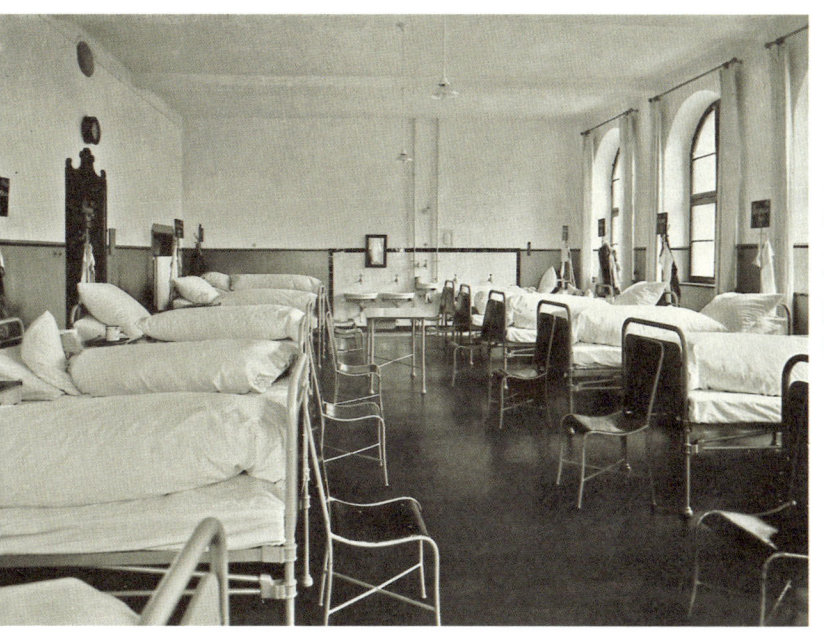

In den großen Schlaf-
sälen befanden sich bis
zu 20 Betten, Privats-
phäre war im frühen
20. Jahrhundert noch
ein nebensächliches
Gut. Die Räumlichkeiten
wurden engmaschig
kontrolliert, um die Ein-
haltung der Hausregeln
sicherzustellen. Foto-
grafie um 1919.

der Veilhofstraße, der 1914 fertiggestellt werden
konnte. Weil kurz darauf der Erste Weltkrieg aus-
brach, fand der Umzug in den Neorenaissance-
bau allerdings erst fünf Jahre später statt.
Zunächst waren im Sebastianspital zwei Lazaret-
te und eine Volksküche untergebracht worden.
Das damals größte Pflegeheim Nürnbergs beherbergte über 400 Betten, verteilt auf das
Hauptgebäude (heute Musikhochschule) und
den »Krankenbau« (heute Elisabeth-Bach-Haus).
Der Wirtschaftsbau, an dessen Stelle heute das
Ursula-Wolfring-Haus zu finden ist, bot Platz für
eine Hochdruckkesselanlage. Öffentliche Stiftungen und Zuschüsse der Stadt, der bei Spital-
eintritt das Privatvermögen übereignet wurde,
finanzierten den Betrieb.

Die Spitalordnung erlegte den Bewohnerinnen und Bewohnern des Haupthauses ein festes
Programm auf: Früh am Morgen mussten sie auf-
stehen, sich waschen und ankleiden, die Betten
richten (das galt zumindest für die Frauen!) und

Mit der Sanierung des Spitals entstanden in den 1960er und 1970er Jahren einige Erweiterungsbauten, darunter das 1973 eingeweihte Stiftungsgebäude der Stadtsparkasse am Ufer des Wöhrder Sees. Das »Seehaus« bietet neben mehr als hundert Betten auch ein Restaurant mit öffentlicher Terrasse. Unmittelbar davor verläuft seit 2012 der »Boulevardsteg«. Fotografie 2023.

frühstücken. Der Aufenthalt in den Schlafsälen, die wie alle anderen Räume streng nach Geschlechtern getrennt waren, war anschließend untersagt. Wer körperlich konnte, sollte sich nützlich machen. Soziale Kontrolle, etwa durch Fenster in den Wänden, war an der Tagesordnung und wurde durch die ringförmige Anlage der Säle architektonisch unterstützt. Auch Quellenbegriffe wie »Anstalt« und »Insasse« verweisen auf Parallelen zu historischen Gefängnisstrukturen. Gleichwohl galt das mit einer Bibliothek, einem Garten und einem Theatersaal ausgestattete Sebastianspital im frühen 20. Jahrhundert als moderne Einrichtung, die nachweislich eine gute Aussicht auf die vorüberfahrende Eisenbahn und das Pulverseebad bot.

Obwohl das Spital den Zweiten Weltkrieg verhältnismäßig unbeschadet überstand, war es den zeitgenössischen Anforderungen an ein Seniorenheim in der Nachkriegszeit nicht mehr gewachsen. Die Technik war veraltet, die Räume waren zu eng belegt, die Sanitäranlagen unzureichend. Aus diesen Gründen wurde der Spitalkomplex in den 1960er und 1970er Jahren erst-

© Andrew Phelps

In den Innenhof der Vierflügelanlage wurde ein abgestufter Orchestersaal mit 220 Sitzplätzen integriert. Der Erweiterungsbau bietet Raum für Proben und öffentliche Konzerte, die im Sommer auch auf dem Dach stattfinden können. Fotografie um 2014.

mals grundlegend erneuert und erweitert, die Säle wichen kleinen Wohneinheiten.

Eine besondere Umnutzung erfuhr das Sebastianspital, das heute vom städtischen Eigenbetrieb NürnbergStift geführt wird, mit der Auflösung des Meistersingerkonservatoriums und der Gründung einer eigenen Musikhochschule ab 2008. Damit die dritte und jüngste bayerische Hochschule für Musik nach München und Würzburg das Hauptgebäude des historischen Spitalensembles beziehen konnte, wurde es mit großem Aufwand umgebaut und saniert. Für die Planung und Betreuung zeichnete die Architektengemeinschaft Rechenauer Bloß verantwortlich. 2018 übergab die Stadt Nürnberg das denkmalgeschützte Gebäude in einem Festakt an den Freistaat.

⑧

BRANDSCHUTZ

Die Feuerwache Ost

Neue Perspektiven auf das Wasser

Das Haupthaus wurde im 20. Jahrhundert mehrfach um- und wiederaufgebaut. Heute befinden sich nur noch Teile des östlichen Treppenhauses und die Grenzmauer im Originalzustand. Fotografie 1932.

Vor mehr als hundert Jahren entstand in Veilhof die erste Feuerwache für das östliche Stadtgebiet der Industriemetropole Nürnberg: die Feuerwache Ost. Ihre Gründung war das Resultat eines mehrstufigen Expansionsprozesses, mit dem die Stadt im 19. Jahrhundert die Ära des modernen Brandschutzes einläutete.

Feuerlöschordnungen gab es in Nürnberg schon seit dem späten Mittelalter. Mit ihrer Hilfe sollten gefährliche Großbrände vereitelt werden. Für die Ausführung waren handwerklich versierte Berufsgruppen verantwortlich, die Ausrüstung stellte der Rat. Brach in der Reichsstadt ein Feuer aus, schlugen Beobachtungsposten auf den Kirchentürmen Alarm. Nürnberg blieb auf diese Weise von großen Brandkatastrophen verschont.

Nach französischem Vorbild bildeten sich Mitte des 19. Jahrhunderts die ersten Freiwilligen Feuerwehren heraus. Von den Ideen der Deutschen Revolution 1848/49 getragen, entstanden auch in Nürnberg demokratisch orga-

Dass in Veilhof auf die traditionellen Pferdefuhrwerke verzichtet wurde, hatte vor allem wirtschaftliche Gründe: Die Anschaffung und der Unterhalt von Pferden waren sehr kostspielig. Fotografie 1913.

Die Fassade des Gerätehauses zeigt den Heiligen Florian mit Wasserkrug, den Schutzpatron der Feuerwehr. Fotografie 2023.

nisierte Bürgerinitiativen, die nun die bis dahin hoheitliche Aufgabe des Brandschutzes übernahmen. Die Zahl der Hydranten wuchs, die ersten Feuermelder wurden an das Telegraphennetz angeschlossen und an den Stadttoren Feuerwachen eingerichtet.

Um mit dem Städtewachstum im Zuge der Industrialisierung Schritt zu halten, entschied sich der Magistrat 1874/75 für die Einführung einer Berufsfeuerwehr: Auf die Central-Feuerwache am Kornmarkt folgten bald die Feuerwachen West (1902) und Ost (1912). Beide Bauten hatte der Architekt Otto Seegy entworfen. Der mit einem Fachwerkgiebel versehene Neubau in Veilhof war die erste Wache in Nürnberg, die mit Kraftfahrzeugen ausgestattet war. Die Lage an der noch nicht gefluteten Wöhrder Wiese erleichterte den Mannschaften ihren Frühsport und bot Raum für große Gartenanlagen.

Heute ist die Feuerwache 2 eine von fünf Feuerwachen der kommunal organisierten Berufsfeuerwehr. Sie ist schwerpunktmäßig für die Brandschutzerziehung zuständig. Zusätzlich ist hier die Höhenrettungsgruppe stationiert.

⑨

Das Predigerseminar

Erziehung und Bildung entlang der Veilhofstraße

▪ Wie die meisten Nürnberger Stadtteile, die im 19. Jahrhundert schrittweise eingemeindet wurden, war auch das heutige Veilhof bis in die Frühe Neuzeit eine kleine Siedlung, bestehend aus wenigen Häusern, einem Herrensitz mit Saigerhütte zur Silbergewinnung (Oberveilhof) und einem Gutshof (Unterveilhof). Nach zahlreichen Besitzerwechseln gelangte ein Teil des Areals 1863 an eine private soziale Einrichtung, die »Nürnberger Erziehungsanstalt für arme und verwahrloste Kinder« (später »Erziehungsanstalt Rettungshaus zu Veilhof«). Mehr als 50 bedürftige Kinder und

Weil die Einrichtung an ihre Kapazitätsgrenze gelangt war, wurde 1902 – kurz nach der Eingemeindung Veilhofs – ein Neubau der Erziehungsanstalt errichtet. Postkarte 1902.

Erziehungsanstalt Veilhof, Nürnberg.

Nördlich des oberen Pegnitzarms sind (von links nach rechts) das spätere Versandhaus Photo Porst, das Predigerseminar und die ehemalige Feuerwache Ost zu erkennen. Die landwirtschaftlich genutzten Flächen südlich des Predigerseminars wurden in den 1990er Jahren zu einem Erholungsgarten in direkter Seelage umgestaltet. Fotografie 1927.

Jugendliche zogen in ein altes Fabrikgebäude an der heutigen Veilhofstraße ein, wo sie unter pädagogischer Aufsicht erzogen, resozialisiert und unterrichtet werden sollten. Wie das deutlich ältere Sebastianspital war auch diese Institution 1824 aus (kirchlich-missionarischen) Spenden und Stiftungen hervorgegangen. Die soziale Fürsorge lag zu Beginn des 19. Jahrhunderts noch nicht vorrangig in kommunalen Händen. Neben einer Volksschule unterhielt das »Rettungshaus« im Pegnitztal Gärten zur Selbstversorgung und Tierhaltung.

Nachdem die Einrichtung 1922 in das Hilpoltsteiner Land umgezogen war, erwarb die Evangelisch-Lutherische Landeskirche das Grundstück und den 1902 errichteten Neubau. Im ehemaligen »Rettungshaus« fanden eine Mädchenschule und ein Predigerseminar Platz, in dem die Vikarinnen und Vikare bis heute eine etwa zweieinhalbjährige praxisorientierte Ausbildung zur

41

Vorbereitung auf den Pfarrdienst durchlaufen. Im Zweiten Weltkrieg diente das große Gebäude zwischenzeitlich als Standort der Notfeuerwehr, nachdem die Feuerwache Ost durch die Luftangriffe stark beschädigt worden war. 1943 wurde auch das Predigerseminar von Bomben getroffen und konnte erst sechs Jahre später wieder bezogen werden. 1952 war der Wiederaufbau in vereinfachter Form abgeschlossen.

Seit Mitte der 1950er Jahre war auf dem östlichen Teil des Geländes auch das Landeskirchliche Archiv (LAELKB) untergebracht. Nach dem Ersten Weltkrieg, als die königliche evangelische Staatskirche durch eine weitgehend unabhängige bayerische Landeskirche ersetzt wurde, waren erste Überlegungen zum Umgang mit der kirchlich-theologischen Überlieferung angestellt und im Nürnberger Predigerseminar die erste Sammelstelle für Kirchenschrifttum eingerichtet worden. 1931 entstand hier das LAELKB: Das verstreute Material aus den großen bayerischen Städten wie Ansbach, Bayreuth und München wurde in Nürnberg zusammengeführt und fortan gesammelt. Weil das Predigerseminar bald an seine Grenzen stieß, begannen in den frühen 1950er

Der erste Archivbau in der Veilhofstraße 28 beherbergte u. a. einen Magazin- und einen Verwaltungstrakt mit Lesesaal, eine Fotowerkstatt sowie die Wohnungen des Dienststellenleiters und des Hausmeisters. Fotografie 1966.

© gmp Architekten / Christian Gahl

Von 2011 bis 2013 entstand nach den Plänen des Hamburger Büros Gerkan, Marg und Partner (gmp) das neue Landeskirchliche Archiv in der Veilhofstraße 8. Die Terrasse des modernen Baus ist zum Wöhrder See ausgerichtet. Fotografie 2013.

Jahren auf dem großen Areal die Arbeiten an einem Archivbau, die 1955 abgeschlossen waren. Architekt war der damals schon bekannte Wilhelm Schlegtendal (1906–1994), der zeitgleich seinen Entwurf für das Plärrerhochhaus ausarbeitete.

Bedingt durch die Expansion, die Ausdifferenzierung und die Professionalisierung des Archivwesens in der zweiten Hälfte des 20. Jahrhunderts musste der erste Archivbau nach der Jahrtausendwende einem zweiten weichen. Das neue Landeskirchliche Archiv westlich des Predigerseminars, das 2013 fertiggestellt wurde, bietet Raum für 34 laufende Kilometer Archiv- und Bibliotheksgut, einen großen Lesesaal, eine Freihandbibliothek und diverse Verwaltungsräume. Die Bibliothek umfasst etwa 150.000 Bände und gehört damit zu den größten Kirchenbibliotheken Deutschlands.

⑩

Photo-Porst

»Wer fotografiert, hat mehr vom Leben!«

Der kleinformatige »Photohelfer« stellte verschiedene Kameramodelle vor und bot illustrierte Tipps für die gelungene Fotografie. Werbematerial 1950er Jahre.

Surfbrett, Sonnenuntergang, Sandstrand: Seit 50 Jahren ist der Wöhrder See ein beliebtes Fotomotiv. Wäre er früher entstanden, hätte er es womöglich in eines der auflagenstärksten Medien der Nachkriegszeit geschafft. Nur wenige Meter vom Nordufer entfernt wurde der Katalog der Firma Photo Porst in die ganze Bundesrepublik verschickt.

Das Familienunternehmen »Photo Porst« war 1919 von Hanns Porst gegründet worden. In diesem Jahr hatte der Kanzleibeamte in Nürnberg das erste Ladengeschäft für Fotoapparate eröffnet. Bald darauf stieg er in den Versandhandel ein und baute ab 1937 ein Versandhaus in der Veilhofstraße auf. Den Grundstock des Firmenareals bildete ein großes Bürogebäude, dessen Seitenflügel in die nach Pionieren der Fotoindustrie umbenannte Voigtländer- und Zeissstraße reichten.

Nach dem Zweiten Weltkrieg wurde das Unternehmen wiedergegründet und der Sohn Hanns-Heinz Teilhaber. »Photo Porst« knüpfte schnell an frühere Erfolge an und hatte 1954 bereits über tausend Angestellte. Zum Erfolgsrezept gehörte neben ausgeklügelten Marketingstrategien eine Vielzahl von Printmedien für

DER WELT GRÖSSTES PHOTOHAUS
DER PHOTO-PORST · NÜRNBERG

Im lichtdurchfluteten Verwaltungsgebäude (links), das nach 1945 an das wiederaufgebaute Versandhaus angeschlossen wurde, betreuten sieben Verkaufsabteilungen auf sechs Stockwerken die verschiedenen Kundengruppen. Fast jede fünfte Amateurkamera wurde in den 1950er Jahren aus Nürnberg verschickt. Werbematerial 1950er Jahre.

den Kundenkontakt, die den Fachmann an der Ladentheke ersetzen sollten.

Veilhof wurde zum Zentrum eines der größten internationalen Versandhäuser, in dem täglich hunderte Pakete mit Kleinbildkameras geschnürt und unterirdisch in Fahrzeuge verladen wurden. Große Stückzahlen und Ratenzahlung machten aus dem Luxusgut Fotografie ein erschwingliches Hobby. Das Konzept war einfach, aber innovativ: Einkaufen via Bestellschein von zu Hause aus. Gefiel die Ware nicht, konnte sie kostenfrei zurückgeschickt werden. Erst in den 1960er Jahren wurde eine Ladenkette aufgebaut, die später durch Franchise-Filialen ergänzt wurde.

2002 endete die Ära »Photo Porst«. Das Unternehmen hatte den Verfall der deutschen Kameraindustrie, ein gescheitertes Mitarbeitermodell und die verpasste Digitalisierung nicht verkraftet. Ein Teil des Firmenareals wird heute vom Landesamt für Steuern genutzt.

⑪

Ökosystem Wöhrder See

Lebensräume im und am Wasser

■ Innerstädtische Wasserlandschaften erfüllen eine Vielzahl an Funktionen: Sie dienen dem Hochwasserschutz und der Naherholung, fördern den Tourismus und die Stadtentwicklung und bilden einen wichtigen Beitrag zum Natur- und Klimaschutz. Durch ihre temperaturausgleichenden Eigenschaften haben fließende Gewässer einen kühlenden Einfluss auf das Stadtklima, sie dämmen Lärm und binden Abgase und Staub. Als Knotenpunkte der biologischen Vielfalt sind sie wichtige Lebensräume für (gefährdete) Arten, die in der dichten Bebauung oft keinen Platz mehr finden.

Die 400 Meter lange »Unterwasserinsel« im Unteren Wöhrder See ist nur an ihren sichelförmigen Ausläufern zu erkennen. Fotografie 2023.

Die Uferlinie am Oberen Wöhrder See verläuft kurvenreicher als im unteren Teil. Alte und neue Inseln, die unter der Wasseroberfläche fortlaufen, bilden wichtige Lebensräume für Vögel, Fische und Insekten. Derzeit entsteht eine Fischtreppe. Fotografe 1981.

Der Wöhrder See war viele Jahre lang eine ökologische Problemzone. Aufgrund der gemächlichen Fließgeschwindigkeit der Pegnitz und seiner geringen mittleren Tiefe drohte er schon in den 1990er Jahren zu verlanden. Die Kapazitäten des Sandfangs am Einlauf des Sees bei Mögeldorf, in dem die von der Pegnitz mitgeführten Feststoffe zurückgehalten werden sollten, reichten nicht aus. Vor allem bei Hochwasser setzten sich so sukzessive mehrere hunderttausend Kubikmeter Sand und Schlamm im Wöhrder See ab. Seine geringe Tiefe von stellenweise nur noch einem halben Meter und die steigenden Temperaturen

Auch der Obere Wöhrder See muss von Sand und Schlamm befreit werden, um die ursprüngliche Wassertiefe wiederherzustellen. Fotografie o.D.

47

Wildgänse wie die Grau- und Kanadagänse gehören zur Familie der Entenvögel und sind Zugvögel. Fotografie 2023.

In den flachen Entwicklungszonen am Oberen Wöhrder See finden auch grüne Wasserfrösche eine Heimat. Fotografie 2020.

beeinträchtigten das Leben unter Wasser und begünstigten das Wachstum von Wasserpflanzen. Nur zwei Jahrzehnte nach der Fertigstellung des Wöhrder Sees waren große Teile seiner Oberfläche von Algen bedeckt, die faulendes Treibgut zurückhielten und den See durch ihren Geruch wassersportuntauglich machten.

Um das ökologische Gleichgewicht wiederherzustellen, startete 2011 eines der größten Wasserbauvorhaben in der Geschichte Bayerns: das Projekt »Wasserwelt Wöhrder See«. Auf der Basis wissenschaftlicher Modellierungen, die an der Technischen Universität München angestellt worden waren, sollte die Wasserqualität entscheidend verbessert und die Biodiversität des Gewässers erhöht werden. In einem ersten Schritt wurde eine schwimmende Plattform installiert, von der aus ein Bagger den Seegrund von Sedimenten befreite. Um die Sedimentablagerung langfristig zu verhindern, wurde im nächsten Schritt die Fließgeschwindigkeit des Gewässers erhöht. Große Stahlbleche an den Stützen des 2012 eröffneten Boulevardstegs am Sebastianspital dienen seither als Leithilfen und eine mehr als fünf Fußballfelder große Insel unter dem Wasserspiegel engt den Fließquerschnitt des Wassers deutlich ein. Mehrere bepflanzte »Ökoinseln« regen durch ihre Filterfunktion die Selbstreinigung des Sees an, den Rückschnitt der Algen übernimmt ein Mähboot.

Ein Fußgängerdamm trennt die Badebucht am Norikus vom restlichen See. Das einströmende Wasser durchfließt zunächst eine Regenerationszone mit Filterdamm aus Kies und Schilf, die pro Sekunde 300 Liter Wasser auf natürlichem Weg reinigt. Fotografie o.D.

Vor allem im Landschaftsschutzgebiet Oberer Wöhrder See zwischen Eisenbahn- und Ludwig-Erhard-Brücke räumten die Projektverantwortlichen ökologischen Belangen viel Gewicht ein. Große Teile der Wasser- und Uferfläche wurden zu ökologischen Entwicklungszonen erklärt, darunter auch die mit Bäumen bewachsenen Inseln und Buchten, die die sonst eher gerade verlaufende Uferlinie an vielen Stellen durchbrechen. Das Ufer wurde an einigen Stellen abgeflacht, um in den entstandenen Flachwasserzonen neue Habitate für Flora und Fauna zu schaffen. Wasservögel wie der Schwarzhalstaucher können sich dort ebenso ansiedeln wie Frösche, die auch im Auenbiotop rund um den Altarm der Pegnitz mit seinem weitgehend urwüchsigen Bewuchs leben. Die mit Röhricht bepflanzten Bereiche bieten jungen Fischen, brütenden Vögeln wie dem Teichrohrsänger und dem Haubentaucher, überwinternden Insekten und Ringelnattern einen wichtigen Schutzraum. Tiefer im Wasser leben Hechte, Schleien, Brassen, Karpfen, Welse, Bachforellen und viele andere Wirbeltiere, die sich in fixierte Steinaufschüttungen unter der Wasseroberfläche zurückziehen können. Eine Fischtrep-

Das Wasser aus der Norikusbucht läuft über den renaturierten südlichen Pegnitzarm ab. Durch die Wiederherstellung eines möglichst naturnahen Zustandes können sich dort neue Tiere und Pflanzen ansiedeln. Fotografie 2023.

pe soll die Wanderung an geeignete Laichplätze in Zukunft erleichtern.

Mit dem maßgeblich vom damaligen Umwelt- und Finanzminister Markus Söder vorangetriebenen Projekt »Wasserwelt Wöhrder See« verfolgten die Stadt Nürnberg und das staatliche Wasserwirtschaftsamt ökonomische, ökologische und soziale Ziele. Letztere fanden vor allem im Bereich des Unteren Wöhrder Sees Anwendung und wurden bis 2018 weitgehend umgesetzt. Die 2016 eröffnete Badebucht am »Norikus« und der zwei Jahre später fertiggestellte Sandstrand am gegenüberliegenden Ufer sollen dem See stärker als zuvor den Charakter einer innerstädtischen Begegnungsstätte verleihen. Am Nordufer entstanden Promenadenwege, neue Sitzmöglichkeiten und ein Café. Das Südufer wird seit 2020 von der städtischen Energie- und Umweltstation bespielt. Die vom Institut für Pädagogik und Schulpsychologie betriebene Einrichtung ist in einem Passivhaus im See untergebracht und informiert Schulklassen und interessierte Erwachsene seit 1995 über Themen wie Umwelt und Nachhaltigkeit.

Im Rahmen der ökologischen Umgestaltung soll auch das Altwasser am Oberen Wöhrder See in den nächsten Jahren renaturiert und in ein von Frischwasser durchströmtes Gewässer verwandelt werden. Fotografie 2023.

Am Nordufer des Unteren Wöhrder Sees, zwischen Sandstrand und Boulevard-Steg, legte das Wasserwirtschaftsamt auf 1000 Quadratmetern Fläche drei »Ökoinseln« an. Die Biotope wurden mit Röhricht aus Schilf, Rohrkolben und Teichbinsen bepflanzt. Fotografie 2023.

Insektenfreundliche Pflanzen locken Bienen und Hummeln an. Fotografie 2023.

Obwohl sich rund um den See viel getan hat, bleiben weiterhin einige Herausforderungen zu bewältigen. Ein großes Problem stellen die Grau- und Kanadagänse dar, die seit einigen Jahren auch im Osten Nürnbergs zu Hause sind und sich rapide vermehren. Weil ihre Ausscheidungen nicht nur Wiesen und Wasser verschmutzen, sondern bei Kontakt auch Infektionen auslösen können, waren Uferbereiche wie der Sandstrand zwischenzeitlich nur eingeschränkt nutzbar. Deshalb richtete die Stadt Nürnberg eine »Gänse-Task-Force« ein, die mit verschiedenen Methoden versuchte, der wachsenden Population Herr zu werden. Hohe Stauden sollten das Sichtfeld der Tiere verkürzen und ihr Sicherheitsgefühl schmälern, Eier im Gelege wurden durch Betoneier ausgetauscht und 2018 wurden die intelligenten Tiere sogar temporär zur Jagd freigegeben. Die meisten Versuche waren allerdings nur kurzfristig erfolgreich. Dass die Gänse nach wie vor in großer Zahl rund um den See zu finden sind, ist vor allem ein menschengemachtes Problem. Durch regelmäßiges Füttern wurden aus den scheuen Tieren sogenannte »Kulturfolger«, die den Kontakt zum Menschen suchen.

⑫

Der Wöhrder Talübergang

Von Wöhrd nach St. Peter und in die Tullnau

Die Fotografie von Ferdi-nand Schmidt zeigt die alte Pegnitzüberquerung mit Blick auf die Stadt-silhouette von Nürnberg. Die suggerierte Romantik der Aufnahme täuscht jedoch: Zwischen dem Wirtshaus im Vorder-grund und der Altstadt-kulisse ist bei genauerem Hinsehen die Maschinen-fabrik von Cramer-Klett (später MAN) zu erken-nen. Fotografie vor 1885.

Nördlich der Pegnitz, die jenseits des Wöhr-der Talübergangs als Fluss in Richtung Altstadt fließt, ersteckt sich der Nürnberger Stadtteil Wöhrd, dessen Geschichte eng mit dem Gewäs-ser verknüpft ist. Nicht umsonst lässt sich die Ortsbezeichnung vom althochdeutschen Subs-tantiv »werid« ableiten, das soviel bedeutet wie erhöhtes Land am Wasser, Insel oder Ufer.

Die Geschichte der alten Vorstadt reicht min-destens bis in das ausgehende 13. Jahrhundert zurück. Wie das ebenfalls außerhalb der Stadt-mauern gelegene Gostenhof war auch das mit-

Die Karte von »Werth« zeigt die bis heute weitgehend erhaltene Struktur und den rundlichen Grundriss des Vorortes rund um die Kirche St. Bartholomäus. Das von Nutz- und Repräsentationsgärten gerahmte Wöhrd lag direkt an der von Osten kommenden Pegnitz. Vier Stadttore regelten den Zugang, darunter das Wassertor nahe des Talübergangs. Katasterplan 1825.

telalterliche Wöhrd ein burggräfliches Dorf, das 1427 zusammen mit den baulichen Überresten der Burggrafenburg in den Besitz der Reichsstadt Nürnberg überging. Zu diesem Zeitpunkt war Wöhrd bereits befestigt und damit zu einem Markt aufgestiegen, der sich bis zu seiner Eingemeindung in das inzwischen zum Königreich Bayern gehörende Nürnberg 1825 durch einen eigenen Rat weitgehend selbst verwaltete.

Unter den mehr als 2.000 Einwohnerinnen und Einwohnern, die die zu einer fränkischen Kleinstadt herangewachsene Vorstadt schon im 17. Jahrhundert beherbergte, lebten in der Frühen Neuzeit zahlreiche Kleinhändler und Handwerker, vor allem Tuchmacher, Weber und Färber. Die direkt am südlichen Rand von Wöhrd verlaufende Pegnitz bot vielen Gewerben ein Auskommen: Der Fluss war zwar nicht schiffbar, ließ sich aber nutzen, um eine Vielzahl von Mühlen zu betreiben, die im 19. Jahrhundert eine Keimzelle der Industrialisierung bildeten. Neben einer Mahl-, einer Polier-, einer Schleif- und einer Pulvermühle gab es in Wöhrd zwei Walkmühlen. Im Norden, Westen und Osten wurde die Vorstadt von üppigen Hesperidengärten flankiert, aus denen später die Gemarkung Gärten bei Wöhrd hervorging.

Im 19. Jahrhundert begann sich der Ort rapide zu verändern. Neben Gostenhof entwickelte sich Wöhrd zu einem Zentrum der lokalen Industrialisierung und wandelte sich innerhalb weniger Jahrzehnte von einer Vorstadt mit dörflichen Strukturen zu einem Arbeiterstadtteil. Große Unternehmen und Betriebe wie die 1898 gegründete »Maschinenfabrik Augsburg-Nürnberg« (MAN), die sich bis zum Ersten Weltkrieg zur führenden Maschinenfabrik Deutschlands entwickelte, hatten ihren Hauptsitz in Wöhrd. Mit der städtischen, später staatlichen »Polytechnischen Schule«, einer Ingenieursschule, die als Vorgängerin der »Technischen Hochschule Nürnberg

Mit dem 1965 begonnenen Umbau des Wöhrder Talübergangs entstanden eine 44 Meter breite Brücke mit mehrspuriger Fahrbahn, ein breiter Gehsteig und mehrere Fußgängertunnel, die bis heute wichtige Zugänge zum See bilden. 1967 war das Projekt abgeschlossen. Das grüne Pegnitztal rechts des Talübergangs konnte zwei Jahre später geflutet werden. Fotografie 1965.

Der zwischen Cramer-Klett-Park und Wöhrder See gelegene Stadtteil profitierte jahrhundertelang von der Pegnitz. 1969 wurde der Nordarm zugeschüttet, der südliche in den See geleitet. Fotografie 1969.

Georg Simon Ohm« gilt, entstand im frühen 19. Jahrhundert eine immer wichtiger werdende Bildungseinrichtung.

Im Zweiten Weltkrieg wurde Wöhrd durch die Luftangriffe der Alliierten fast vollständig zerstört. Besonders verheerend waren die Bombardierungen im August 1943, die aus dem Stadtteil ein kraterähnliches Gelände machten. In den 1950er Jahren begann der Wiederaufbau, der im darauffolgenden Jahrzehnt weitgehend abgeschlossen war. Die Grundstrukturen wie die Straßenführung wurden beibehalten, sonst erinnert heute aber kaum noch etwas an den einstigen Handwerks- und späteren Industriestandort. Zwei erhaltene Handwerkshäuser (Rahm Nr. 3 und 5) stammen aus dem 16. Jahrhundert, die wenigen anderen historischen Gebäude, die den Weltkrieg überlebt hatten, wurden nach 1945 abgerissen.

Um trockenen Fußes von Wöhrd auf die andere Seite des Pegnitztals – etwa in die südlicher gelegene Siedlung St. Peter, in die Marienvorstadt

oder in die Tullnau – zu kommen, mussten seit jeher die beiden Flussarme überwunden werden.
Das geschah bis in das späte 19. Jahrhundert über
schmale, einfache Wege und kleine Stege. Erst
1885 ließ die Stadt Nürnberg einen großen Talübergang errichten, der den Verkehr über die
Pegnitz erleichtern und ihn zugleich weitgehend
um den Wöhrder Stadtkern herumleiten sollte.
Dieser Schritt bedeutete einen markanten Eingriff
in die bisherige Landschaft: Erstmals in der Orts-
geschichte war der Stadtteil Wöhrd nun vom
Fluss abgeschnitten, der über viele Jahrhunderte
hinweg als Lebensader fungiert hatte.

Durch die wachsende Zahl der Autos war der
Talübergang im 20. Jahrhundert jedoch schon
bald überlastet. Auf den Fahrersitzen wuchs der
Ärger über immer längere Wartezeiten und die
Fußgänger lebten zunehmend gefährlich. Nachdem im Stadtrat 1959 die Entscheidung zur Anlage des Wöhrder Sees gefallen
und der konjunkturelle Auf-
schwung der »Wirtschaftswun-
derjahre« deutlich spürbar war,
begannen deshalb Mitte der
1960er Jahre die Arbeiten an einem der größten lokalen Bau-
vorhaben der Nachkriegszeit: einer neuen, deutlich größeren
Variante des Verkehrsknoten-
punktes Wöhrder Talübergang.
Seither führt eine vierspuri-
ge, mehrfach untertunnelte
Straßenbrücke über das alte
Pegnitztal, die nach ihrer Fertigstellung 1967 nach dem ersten
deutschen Bundeskanzler Konrad Adenauer benannt wurde.

Der neu gestaltete Tal-
übergang und die be-
weglichen Wehre am
Ausgang des Wöhrder
Sees lockten vor allem in
den ersten Wochen nach
der Fertigstellung viele
interessierte Nürnberge-
rinnen und Nürnberger
auf die Konrad-Adenau-
er-Brücke. Fotografie
1969.

Das Wildwasser des nördlichen Pegnitzarms war bis Ende der 1960er Jahre die Hausstrecke der mittelfränkischen Kanusportlerinnen und -sportler.
Die dort ausgetragenen Bezirksmeisterschaften im Kanu-Slalom zogen zahlreiche Gäste an, die Lokalzeitungen berichteten interessiert.
Fotografien 1965-69.

Um die Wassermassen des 1969 gefluteten Wöhrder Sees zurückzuhalten, wurden unterhalb der Brücke zwei Wehre eingesetzt. *Auf* die Brücke wanderte im selben Jahr das Standbild des wasserspeienden »Wilden Reiters«, ein Abguss aus dem Figurenbestand des historischen Neptunbrunnens. Vor der Umsetzung zierte der Reiter eine Schwimmhalle des Volksbades.

Die Entscheidung zum Bau eines neuen Talübergangs beruhte auf verkehrstechnischen Überlegungen. Nicht bedacht worden waren hingegen die Mitglieder des Kanu-Vereins Nürnberg, die bis zum Sommer 1969 auf einem 350 Meter langen Wildwasserabschnitt des oberen Pegnitzarms südlich der Bartholomäusstraße trainiert und regionale Wettkämpfe im Kanu-Slalom ausgetragen hatten. Mit dem Straßenausbau musste das Wildwasser weichen.

⑬

Der Milchhof

Ein Fragment Nürnberger Industriekultur

Horizontale Linien und eine schlichte Formensprache verleihen dem viergeschossigen Verwaltungsbau ein klares, symmetrisches und zeitloses Gesicht. Links im Bild sind das Betriebsgebäude und der Schornstein zu erkennen. Fotografie 1930er Jahre.

▌ Auf der anderen Seite des Talübergangs, an der Ecke Dürrenhof-/Kressengartenstraße, liegt ein besonderes Zeugnis der Architekturgeschichte des 20. Jahrhunderts: das ehemalige Verwaltungsgebäude des Milchhofs. Der restaurierte Überrest des ursprünglich aus mehreren Objekten bestehenden Ensembles spiegelt bis heute den sachlich-geradlinigen Geist des Neuen Bauens wider und zählt zu den Klassikern der Weimarer Moderne.

Um die im 19. Jahrhundert stark gewachsene Bevölkerung Nürnbergs auch in Notzeiten mit

Rund um die großzügige, lichtdurchflutete Innenhalle des mit Naturstein verkleideten Verwaltungsgebäudes erstreckten sich zu drei Seiten offene Laufgänge. Verglaste Trennwände trennten die Galerie von den dicht besetzten Büroräumen der Angestellten. Neben den Büros befanden sich im Verwaltungsbau auch Repräsentations- und Sitzungszimmer. Fotografie 1930er Jahre.

qualitativ hochwertiger Frischmilch versorgen zu können, wurde 1915 – ein Jahr nach dem Ausbruch des Ersten Weltkriegs – die erste städtische Molkerei in der Bahnhofstraße gegründet. Zuvor hatte die Milchversorgung in den Händen vieler kleiner Milchhändler und selbstvermarktender Landwirte gelegen. Ende der 1920er Jahre erwarb die wachsende »Milchzentrale der Stadt Nürnberg GmbH« (ab 1930 »Bayerische Milchversorgung«) ein großes Gelände am Rand des Pegnitzgrundes in der Tullnau mit unmittelbarer Eisenbahnanbindung. Dort entstand bis 1930 das Milchhof-Areal, zu dem neben einer Betriebs- und einer Fahrzeughalle auch eine Kantine, eine Kühlwasseranlage mit Schornstein, Werkswohnungen und der bis heute erhaltene Verwaltungsbau gehörten. Mit 180.000 Litern täglich verarbeiteter Milch gehörte die Anlage zu den größten Milchzentralen Europas.

Dass der Milchhof weit über die Grenzen Nürnbergs hinaus bekannt war, lag jedoch vor allem an seiner Gestalt, die von der Architekturkritik der Zwischenkriegszeit als Errungenschaft des modernen Bauens gelobt wurde. Der international anerkannte Architekt Otto Ernst Schweizer (1890–1965), der als Oberbaurat bereits maßgeblich am Bau des städtischen Stadions und des Planetariums am Rathenauplatz beteiligt gewesen war, hatte sich (wie Loebermann vierzig Jahre später am »Norikus«) für einen Skelettbau entschieden und arbeitete in erster Linie mit den Materialien Beton, Stahl und Glas. Die Modernität des industriellen Betriebs sollte sich in einem innovativen, wegweisenden Fabrikbau wiederfinden.

Ein halbes Jahrhundert später setzte mit der Verlegung des Produktionsstandortes nach Oberfranken Mitte der 1990er Jahre der Verfall des

Der nach den Maßstäben der Neuen Sachlichkeit gestaltete Milchhof sollte ein Blickfang im Osten der Stadt sein. Das über hundert Meter lange Betriebsgebäude war mit großen gelben Fliesen verkleidet und wies mit seinem Faltdach aus Betonschalen eine innovative Dachkonstruktion auf. Der mehr als 70 Meter hohe Schornstein war schon von weitem zu erkennen. Fotografie 1930er Jahre.

Nach dem Abriss der meisten Gebäude im Jahr 2008 entstand auf dem frei gewordenen Gelände direkt am Wöhrder See ein Businesspark auf rund 45.000 Quadratmetern Geschossfläche, in dem heute mehr als 3.000 Menschen arbeiten. Fotografien 2008/09.

Geländes ein. 2008 wurde das Milchhof-Areal, zu dem auch das östlicher gelegene Elektrizitätswerk gehört, an die Immobiliengesellschaft DIBAG verkauft. Das Unternehmen ließ die Gebäude abreißen. Eine Sanierung der denkmalgeschützten Bauwerke war aus wirtschaftlichen Gründen nicht in Frage gekommen. An ihrer Stelle entstanden bis 2017 eine Niederlassung von Mercedes Benz, eine Volks- und Raiffeisenbank und ein Bürogebäude.

Nur das ehemalige Verwaltungsgebäude blieb bestehen, weil für dieses Gebäude bereits in den 1990er Jahren ein Käufer in Gestalt der Nürnberger alpha Gruppe gefunden worden war. Der heute als »Milchhof-Palais« bekannte Bau wurde 2003 restauriert, baulich erweitert und beherbergt neben Büros und Praxen den »Kunstverein Nürnberg – Albrecht Dürer Gesellschaft«.

(14)

Windspiele

Kunst und Debatten am Wasser

2021 feierte das »Symposion Urbanum Nürnberg 71« sein 50. Jubiläum. Die Stadt Nürnberg und mehrere Museen nahmen diesen Jahrestag zum Anlass, um auf ein Bildhauerfestival zurückzublicken, das in der Stadtgesellschaft der frühen 1970er Jahre für einige Furore gesorgt hatte. Die einstigen Debatten sind mittlerweile verstummt, das materielle Erbe des weit über die Grenzen der Region hinaus diskutierten Projektes aber ist bis heute sichtbar.

Das Jahr 1971 stand in Nürnberg im Zeichen von Albrecht Dürer (1471–1528). Um den 500. Geburtstag des berühmten Malers der Renaissance zu zelebrieren und die ehemalige »Stadt

Auch nach dem Symposion bot der See Raum für zeitgenössische Kunst. Am Nordufer steht seit 1983 die Bronzeskulptur »Wellenreiter III« nach einem Entwurf von Waldemar Grzimek, der sich intensiv mit der menschlichen Gestalt beschäftigte. Fotografie 2023.

Das älteste Kunstobjekt am Wöhrder See ist die Standfigur des »Wilden Reiters« von 1902, die seit 1967 auf der Konrad-Adenauer-Brücke steht. Sie zeigt Triton, den Sohn des Meeresgottes Poseidon, eine Gestalt aus der griechischen Mythologie, und war anfangs im Volksbad in Gostenhof zu finden. Fotografie 2023.

der Reichsparteitage« ein Vierteljahrhundert nach dem Zusammenbruch des »Dritten Reiches« in neuem Licht erstrahlen zu lassen, scheute die Stadt keine Mühen. Eine Werbekampagne wurde ins Leben gerufen, das Wohnhaus Dürers saniert und erweitert. Auch der öffentliche Raum sollte Wandel sichtbar machen: In enger Zusammenarbeit mit einer Gruppe von Bildhauern und Galeristen wurden internationale Bildende Künstler eingeladen, dem historisch-romantischen Altstadtbild neue Facetten zu verleihen. Das Resultat waren 29 Skulpturen und Plastiken aus Stein, Holz oder Metall, die an verschiedenen Standorten in Nürnberg und Erlangen platziert wurden. Kulturpolitisch fügte sich diese Idee nahtlos in das Programm des damaligen Kulturreferenten Hermann Glaser (1928–2018) ein. Kunst aus dem musealen Kontext zu lösen, sie durch eine Platzierung im öffentlichen Raum zu demokratisieren, harmonierte mit Glasers Leitsatz »Kultur für alle«.

Unter den 29 Objekten der Gegenwartskunst waren auch die »Windspiele« von Hein Sinken (1914–1987), die kurz vor der Fertigstellung des

Unteren Wöhrder Sees am Südufer errichtet wurden. Sinken, ein Berliner Künstler, arbeitete seit den späten 1960er Jahren an beweglichen und interaktiven Objekten im Freien, die er als Hommage an den Wind verstand. Die »Windspiele« bestehen aus 18 paarweise zusammengefassten Halbkugeln aus silbernem Edelstahl, die bei Wind oder Kontakt rotieren. Sie sind eines von insgesamt 26 Werken des Symposions, die bis heute im Stadtraum zu finden sind. Ähnliche Objekte Sinkens befinden sich vor den deutschen Botschaften in Malawi und Mauretanien.

Die Skulptur ist insofern charakteristisch für das Symposion Urbanum, als dass sie der modernen, abstrakten – nicht mehr klassisch figürlichen – Kunst zuzuordnen ist. Die geometrische, sachliche Formensprache, die viele der Großplastiken aufwiesen, hatte 1971 noch symbolisches Potential: Mit moderner zeitgenössischer Kunst, die in der Bundesrepublik erst nach 1945 ihren Durchbruch erlebte, konnte nach innen und nach außen das Bild einer zukunftsweisenden, westlich orientierten Stadt vermittelt werden.

Das wohl aufsehenerregendste Objekt des Symposions war der »Wegweiser« des österreichischen Künstlerkollektivs Haus-Rucker-Co. Die 14 Meter lange Plastik mit Kunststoffüberzug stand an der Zufahrtstraße zum Flughafen und zeigte zur Kaiserburg. Sie musste nach mehreren Fällen von Vandalismus 1979 abgetragen werden. Fotografie 1971.

Vor der Umgestaltung des Sees standen die »Windspiele« in der Nähe des »Norikus« bei einer überdachten Bankanlage. Andere Werke entstanden etwa in Langwasser, in Erlangen, auf dem Nürnberger Hauptmarkt, in der Südstadt und am Neutorgraben. Fotografie 1971.

Den Geschmack der Mehrheitsgesellschaft trafen die meisten modernen Werke aber auch in Nürnberg nicht. Zahlreiche kritische Kommentare in den aufgestellten Zettelkästen und emotionale Leserbriefe in der Lokalpresse offenbarten großes Unverständnis gegenüber dieser Form der Kunst, die als »banal«, »absurd« oder »hässlich« verunglimpft wurde. Die Fronten zwischen den Debattierenden – »Progressiven« und »Konservativen«, »Nestbeschmutzern« und »Provinzlern« – waren verhärtet, was auch daran lag, dass in der Stadtbevölkerung kein Dialog zustande gekommen war. Die Initiatoren des Symposion Urbanum hatten es im Vorfeld versäumt, die ahistorischen modernen Kunstwerke, die in erster Linie über das Material und die Form kommunizieren, ausreichend zu kontextualisieren. Auf dem Höhepunkt der öffentlichen Debatte, die es bis in die New York Times schaffte, wurden mehrere Kunstwerke (zum Teil unwiederbringlich) beschädigt. Die »Windspiele« am See bildeten eine Ausnahme, weil sie auf weitgehend positive Resonanz stießen.

65

(14)

Das alte Elektrizitätswerk

Nürnbergs erste öffentliche Stromversorgung

■ Für die Geschichte der deutschen Elektroindustrie spielte Nürnberg im 19. Jahrhundert eine herausragende Rolle. Bekannte Namen wie der des Pioniers Sigmund Schuckert sind eng mit ihr verknüpft. Auch im Südosten der Stadt lassen sich noch Spuren aus dieser Zeit entdecken: Das aufwendig sanierte Backsteingebäude am Tullnaupark, in dem heute ein Restaurant und eine Kindertagesstätte zu Hause sind, beherbergte ursprünglich das erste städtische Elektrizitätswerk.

Die Industrialisierung und der rapide Bevölkerungsanstieg hatten der Elektrifizierung seit den 1880er Jahren starken Auftrieb verliehen und auch in Nürnberg Debatten über eine zentrale

Der Standort in der Tullnau war bewusst gewählt worden: Das große Gelände westlich des Weihers war an die Eisenbahn und die Wasserversorgung angeschlossen und lag außerhalb des eng bebauten Stadtteils Gleißhammer. Weil die Dynamomaschinen mit kohlebetriebenen Dampfmaschinen in Bewegung gesetzt wurden, verursachte das Elektrizitätswerk Rauch und Ruß. Fotografie 1896.

Das 1897 erweiterte Elektrizitätswerk bestand aus einem Maschinen-, Kessel- und Pumpenhaus, einem Kohleschuppen, einem Dienstwohngebäude sowie einem markanten Schornstein. Das erhaltene Maschinenhaus, in dem die Kessel und die Dampf- und Dynamomaschinen untergebracht waren, wurde schon ein Jahr nach der Inbetriebnahme in der Länge fast verdoppelt. Fotografien um 1898.

öffentliche Stromversorgung entfacht. Nach den Plänen des Ingenieurs Oskar von Miller (1855–1934) begann die Stadt 1895 auf einem kommunalen Grundstück gegenüber der Zeltner Brauerei mit dem Aufbau eines Elektrizitätswerks, das bereits ein Jahr später den Betrieb aufnahm. Es war das erste in Bayern, das mit einer modernen Wechselstromanlage ausgestattet war.

Weil neben der Straßenbeleuchtung immer mehr kleine und mittelständische Betriebe an das Stromnetz angeschlossen wurden (Großunternehmen wie die MAN hatten anfangs eigene Stromerzeugungsanlagen), erreichte das Werk schon 1910 seine Belastbarkeitsgrenze. Daher beschloss die Stadt, ein Großkraftwerk in Gebersdorf zu bauen, das 1913 fertiggestellt wurde. Das Werk in der Tullnau wurde bis in die 1990er Jahre als Materiallager der EWAG Energie und Wasserversorgung und anschließend als Club genutzt. Nach dem Verkauf des »Milchhofareals« im Jahr 2004 erhielt die Stadt die Maschinenhalle als Schenkung.

⑮

Die Tullnau

Von der Handwerks- zur Erholungsstätte

Zur Mühle am Weiher-
ausgang (rechts) gehörte
ein Herrenhaus (Mitte),
das 1735 erstmals in
den Quellen erwähnt
wurde und zu dieser Zeit
einem erfolgreichen Pa-
pierfabrikanten gehörte.
Im 19. Jahrhundert wur-
de daraus eine Gastwirt-
schaft. Fotografie 1911.

■ Südlich des Unteren Wöhrder Sees liegt ein
weiteres, allerdings deutlich kleineres Gewässer:
der Tullnauweiher. Seine Geschichte reicht bis in
das Spätmittelalter zurück, als durch die Aufstauung des Goldbachs vor den Toren der Reichsstadt mehrere künstliche Weiher entstanden, mit
deren Hilfe sich der Wasserstand der Pegnitz regulieren ließ. Das Gewässer und die umliegende
Aue wurden topographisch als Tullnau bezeichnet, später weitete sich die Bezeichnung auf das
gesamte Areal zwischen dem heutigen See und
den südlich verlaufenden Bahngleisen aus, wo
heute die Handels- und Geschäftswelt zu Hause

Mit seinem Aquarell setzte der Hilpoltsteiner Architekturmaler Friedrich Eibner (1825–1877) die Tullnau Mitte des 19. Jahrhunderts romantisch in Szene. Im Vordergrund sind der Tullnauweiher und die Mühle am Goldbach zu erkennen, im Hintergrund ragt leicht erhöht die Nürnberger Altstadt auf. Die Szene wurde in atmosphärisches Abendlicht getaucht. Aquarell um 1848.

Nördlich des Weihers, an der heutigen Ostendstraße, befanden sich seit dem 18. Jahrhundert drei größere Gebäude: die Mühle (1), der Herrensitz (2) und ein einstöckiges Haus mit Schweinestall und Schuppen (3). Die Terrassenanlage (4) entstand erst im 20. Jahrhundert. Skizze nach einem Plan von 1903.

ist. Die Ortsbezeichnung leitet sich von den Begriffen »Dohln« oder »Tulln« und »Au« ab. Erstere beschrieben die hölzernen Quellwasserleitungen, die im 14. Jahrhundert von der Tullnau in die Altstadt verlegt wurden, letzterer die Flussaue.

Im Mittelalter und in der Frühen Neuzeit war die Tullnau ein Ort des Handwerks. Am Ausgang des Weihers befand sich spätestens seit dem 15. Jahrhundert eine Mühlanlage, über die zunächst ein Hammerwerk betrieben wurde. Aus der Metallschmiede am Goldbach entwickelte sich um 1500 eine Papiermühle für die immer wichtiger werdende Papierproduktion und schließlich eine Flachs- und Baumwollspinnerei, bevor die Anla-

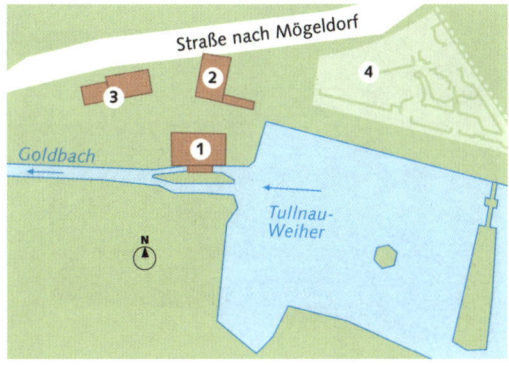

ge 1845 durch ein verheerendes Hochwasser stark beschädigt wurde. Dieses Hochwasser bedeutete eine Zäsur: War die Tullnau bis dahin eine traditionsreiche Gewerbestätte, entwickelte sie sich nun schrittweise zu einem beliebten Freizeitareal an der stark frequentierten Straße nach Mögeldorf und zum Schmausenbuck.

Nach dem Hochwasserunglück eröffnete der Sohn des Mühlenbesitzers in den Mauern des alten Herrensitzes an der Ostendstraße 14 eine Gastwirtschaft (»Restauration«). Offenbar hatte er an vergleichbaren Orten beobachtet, dass seenahe Wirtshäuser vor allem in den Sommermonaten Menschen anzogen, die nach Spaziergängen und kurzen Wanderungen im Umland eine Möglichkeit zur Einkehr suchten. 1876 verlegte die Zeltner Brauerei ihre Hausadresse in dieselbe Straße und erwarb in der zu Gleißhammer gehörenden Tullnau mehrere große Grundstücke entlang der Straße nach Mögeldorf, darunter auch die ehemalige Mühle und den baulich er-

Das »Parkrestaurant Tullnau« im ehemaligen Herrenhaus war im 19. Jahrhundert durch eine verglaste Veranda und einen Treppenturm an der Ostseite erweitert worden. Die Terrassenanlage wurde in den 1930er Jahren erstmals in den gastronomischen Betrieb integriert. Postkarte 1939.

Die historische Terrassenanlage aus Eisenbeton mit Pergola und Balustrade entstand zwischen 1922 und 1926 nach den Plänen des Brauereibesitzers Johann Georg Zeltner. Die im Renaissancestil erbaute Anlage wurde vom Landesamt für Denkmalpflege inzwischen als Baudenkmal eingestuft. Fotografie 2023.

weiterten Herrensitz. Wie der Dutzendteich im Süden und die Rosenau im Westen entwickelte sich die Tullnau zu einem beliebten Ausflugsziel, das in Reiseführern mit fränkischer Küche, Zeltner Bier, Kahnfahrten und Konzerten lockte. Für Unterhaltung sorgte auch eine mobile Wasserrutsche, die zwischen der Tullnau, dem Dutzendteich und dem Valznerweiher hin und her wechselte.

Die Pläne der Familie Zeltner, das alte Wirtshaus in ein imposantes Restaurant zu verwandeln und das Freizeitareal Tullnau weiter auszubauen, scheiterten Anfang des 20. Jahrhunderts. Dem Abriss der historischen Bausubstanz und den Neubebauungsplänen stimmte das Hochbauamt nicht zu. Lediglich die Terrassenanlage am Nordostufer des Weihers, die seit ihrer Sanierung 2019 wieder begehbar ist, wurde Mitte der 1920er Jahre realisiert. Sie sollte den Außenbereich einer monumentalen gastronomischen Anlage bilden, die niemals realisiert wurde. 1953 ging das gesamte Gelände in den Besitz der Stadt Nürnberg über. Um die Ostendstraße auszubauen, wurden die letzten erhaltenen Gebäude abgerissen und die frei gewordene Fläche in eine öffentliche Grünanlage verwandelt.

ARENDT, RONNIE: Wohnanlage Noricus, in: Enns, Carmen M. / Herold, Stephanie (Hg.): Riesen in der Stadt. Qualitäten großer Bauen der 1960er und 1970er Jahre in Franken. Bamberg 2019, S. 8-9.

BACH-DAMASKINOS, RUTH: Die Tullnau (Teil I): Von der Papiermühle zum Park-Restaurant – Eine kurze Geschichte der Ostendstraße 14, in: Norica 9 (2013), S. 27-37.

BECKH, HERMANN: Johannes Zeltner (1805–1882), ein Nürnberger Unternehmer, in: MVGN 58 (1971), S. 310-311.

BEZIRK MITTELFRANKEN (HG.): Der Wöhrder See. Vor den Toren der Nürnberger Altstadt. Nürnberg 1982.

BRUDER, THOMAS: Nürnberg als bayerische Garnison von 1806 bis 1914. Städtebauliche, wirtschaftliche und soziale Einflüsse. Nürnberg 1992.

GALLER, CAROLIN / LEVIN-KEITEL, MEIKE: Innerstädtische Flusslandschaften als integriertes Handlungsfeld, in: Raumforschung und Raumordnung 74 (2016), S. 23-38.

GARDILL, KERSTIN: Hilfe für alle. Ein Streifzug durch die 100-jährige Geschichte der Nürnberger Arbeiterwohlfahrt. Nürnberg 2020.

GÜRTLER, DANIEL: Wöhrd. Die untergegangene Vorstadt. Nürnberg 2015.

KADLUBEK, GÜNTHER: Photo Porst. Eine Unternehmensgeschichte. Köln 2000.

MASA, ELKE: Freiplastiken in Nürnberg. Plastik, Denkmale und Brunnen im öffentlichen Raum der Stadt. Neustadt an der Aisch 1994.

MENGES, AXEL (HG.): Otto Ernst Schweizer. Milchhof, Nürnberg. Stuttgart / London 2006.

NERDINGER, WILFRIED (HG.): Bauen im Nationalsozialismus. Bayern 1933-1945. München 1993.

PLANUNGS- UND BAUREFERAT STADT NÜRNBERG / KUNSTHALLE NÜRNBERG (HG.): In situ? Über Kunst im öffentlichen Raum. Berlin 2022.

SCHWIMMBUND BAYERN 07 E.V. (HG.): Chronik des Schwimmbundes Bayern 07 e.V. Nürnberg 2007.

SCHNEIDER-HILLER, GUSTI: 450 Jahre Sebastianspital. 1528 – Nürnberg – 1978 (= Begleitbroschüre zur Ausstellung). Nürnberg 1978.

WINDSHEIMER, BERND: 100 Jahre Klinikum Nürnberg. Die Geschichte des Nürnberger Gesundheitswesens im späten 19. und 20. Jahrhundert. Nürnberg 1997.

ZAHLAUS, STEVEN M.: Die Tullnau (Teil II): Mehr Licht! – Das erste Elektrizitätswerk Nürnbergs in städtischer Trägerschaft, in: Norica 12 (2016), S. 18-30.

LITERATUR

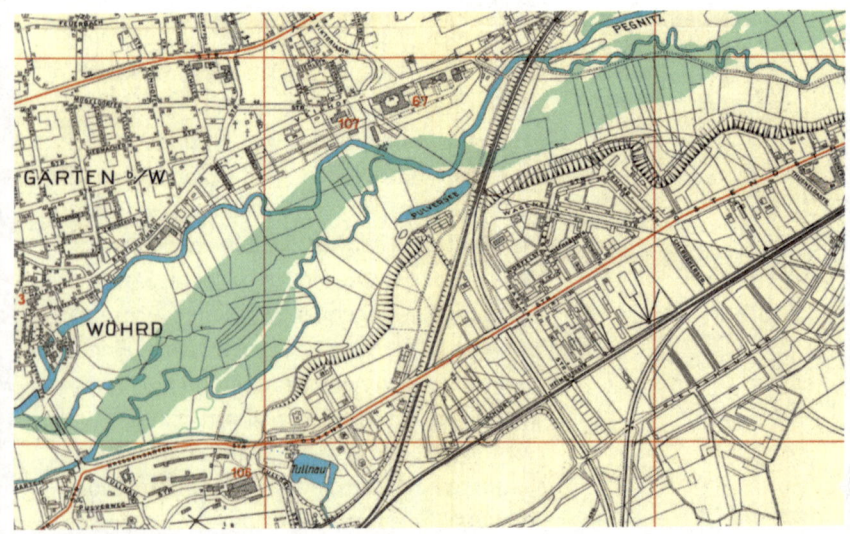

Die Karte von 1925 zeigt den ursprünglichen Verlauf der Pegnitzarme im Wiesengrund (blau). Der aktuelle Umriss des Wöhrder Sees (grün) wurde nachträglich darübergelegt.